AF578239

TIEMPO DE AMAR

ExLibric

ENRIQUE G. ESPÍNOLA SUÁREZ

TIEMPO DE AMAR

EXLIBRIC
ANTEQUERA 2023

TIEMPO DE AMAR

Diseño de portada: Dpto. de Diseño Gráfico Exlibric
Iª edición

Editado por: ExLibric
c/ Cueva de Viera, 2, Local 3
Centro Negocios CADI
29200 Antequera (Málaga)
Teléfono: 952 70 60 04
Fax: 952 84 55 03
Correo electrónico: exlibric@exlibric.com
Internet: www.exlibric.com

ISBN: 978-84-10076-22-8
Depósito Legal: MA 1531-2023

Nota de la editorial: ExLibric pertenece a Innovación y Cualificación S. L.

ENRIQUE G. ESPÍNOLA SUÁREZ

TIEMPO DE AMAR

Introducción

Tiempo de amar es una obra con un profundo estudio sobre la condición humana y las emociones que nos definen. En su conjunto, su estructura es como una sinfonía poética, donde cada poema es una nota o acorde que contribuye al conjunto armonioso de la obra. Enrique Gabriel Espínola Suárez ha logrado, con maestría, plasmar en versos las complejidades del amor, la pérdida, la esperanza y la identidad.

Desde el inicio, con poemas como «Al amor perdido», se establece un tono melancólico y reflexivo, donde el amor, la pérdida y la nostalgia son temas dominantes.

A medida que avanzamos, nos encontramos con poemas, como «Compañeros», que expanden el espectro temático de la obra, abordando temas de identidad, pertenencia y relaciones humanas. La inclusión de poemas como «Inmigrantes» muestra una sensibilidad hacia temas sociales y contemporáneos, añadiendo una dimensión adicional a la obra.

Espínola Suárez ha tejido magistralmente estos poemas para crear una experiencia de lectura que es, a la vez, cohesiva y variada, llevando al lector a través de altos y bajos emocionales, pero siempre con un hilo conductor de amor, reflexión y humanidad. La obra destaca por su capacidad de resonar con el lector a nivel universal. Aunque los poemas están enraizados en experiencias personales, Espínola Suárez ha logrado trascender lo individual para tocar temas que son inherentes a todos nosotros. Esta universalidad es, sin duda, uno de los mayores logros de la obra.

Uno de los temas más prominentes en la obra es el amor en todas sus formas: el amor romántico, el amor perdido, el amor familiar y el amor propio. Sin embargo, Espínola Suárez no se limita a presentar una visión idealizada del amor. En su lugar, ofrece una representación honesta y, a menudo, dolorosa de lo que significa amar y ser amado, con todas sus alegrías y tristezas.

Enrique Gabriel Espínola Suárez ha creado un poemario que, aunque arraigado en experiencias personales, tiene la capacidad de hablar a la humanidad en su conjunto.

Índice

Al amor perdido

Oh, noche tan amarga que el tiempo no detienes,
pasando lentamente, aumentas mi dolor
dime si lo he soñado o nunca ha sucedido
que el mundo sonreía cuando estaba con él

acorta mi condena y al sol de mi ventana
como un eterno amigo invítalo a volver
que traiga hasta mi alcoba el brillo que ilumina
que muestre con sus rayos sus besos en mi piel

que pueda ver sus brazos rodeando mi cintura
después de aquellas noches de besos y pasión
ya no entiendo mi vida ni el tiempo que me queda
porque planeamos juntos amarnos hasta el fin

no encuentro mi consuelo y lucho cada día
por no olvidar quién vive dentro mi corazón
y busco sin hallarlo, cual ciego en esta vida
tan sólo un buen amigo para escuchar su voz

por eso ahora temo
no encontrar mi camino
que engañando al destino
me olvide de mi fe...

hoy busco ese consuelo pidiendo tu consejo
oh, noche silenciosa que escuchas mi dolor,
dime si lo he soñado o tú me lo aconsejas
que vuelva mi mirada y escuche al corazón

porque esta noche triste
cuando mi piel lo llama
presiento que responde…
yo vivo junto a ti

y al fin lo he comprendido
que aquello que tuvimos
no ha muerto, está conmigo
en cada amanecer

y al fin lo he decidido
hasta que ese camino
que hemos recorrido
alcance mi final

no borraré el pasado ni cederé al olvido
pues todo lo vivido ha sido mi sostén
para seguir nombrando a aquel que nunca olvido
para contarle al mundo que he sido muy feliz

y yo seguiré soñando cuando aparezca la luna
sabiendo que llega el día que también me marcharé
así los dos convinimos cuando al final lo juramos
en aquella noche oscura que ya nunca olvidaré

pues de ahora en adelante cuando hasta el alma me duela
sufriendo el haber perdido quien me dio su corazón
sé que encontraré consuelo cuando me bese en los labios
y me duerma alguna noche para jamás despertar

y llegaré a mi destino siendo feliz a mi modo
porque al fin de mis días aún escucho al corazón
sabiendo que en el pasado yo cumplí lo prometido
y que al final del camino otra vez seremos dos.

CORAZÓN

Corazón, por qué me llamas al despuntar la mañana
pidiendo que te comprenda, que no puedes olvidar
quizás aún no conoces que yo estoy adormecido
que el entusiasmo he perdido desde que partió de aquí

me pides que la recuerde, que son muchas las vivencias,
mas son esas experiencias las que me hacen sufrir
me recuerdas que en mi alma la llevo siempre guardada
por miedo a sufrir de pena, por temor a descubrir

que no hay vida sin su amor, que no tengo otro destino
que al irse sin despedida yo perdí toda ilusión
nunca olvides, corazón, que gozaste mi aventura
y si una noche la llamas para que vuelva otra vez

tal vez buscando dormido en el arcón del recuerdo
yo rescate ese perfume que me recuerde a su piel
porque guardo en mi memoria ese amor que no se olvida
a esa parte de su alma que algún día compartí

cuando arrecie la nostalgia, cuando la pena me invada
cuando la noche estrellada me transporte a donde esté
la convocaré entre mis sueños para compartir contigo
el amor que hemos vivido, la pasión que disfruté

hoy confieso que en mi vida no me olvido de mi amada
cuando dejo en su memoria tiernas lágrimas de amor
pues quizás fue una ilusión pasajera y que lastima
pero no siento lo mismo, porque jamás la olvidé.

Cuando llegue la hora

Ya comienza un nuevo día en esta casa desierta
ya se acerca otra mañana cuando escucho los lamentos
de tiempos que ya han pasado en mi vida y en mi huerto
de caricias olvidadas, de recuerdos de otros tiempos

son sucesos de mi vida, de un pasado que regresa
que intento resucitar para sentir nuevamente
que el pasado no se olvida, que palpita en el recuerdo
de los besos de mi amada, de nuestro primer encuentro

y se detiene en mi mente el sol, la luna y el viento
para escuchar lo que pide el alma que llevo dentro
porque llaman insistentes esos años que han pasado
para pedirme que guarde el sabor de aquellos tiempos

pero el pasado no vuelve ni lo retorna mi sueño
porque al mirarme al espejo, ya soy otro el que despierto
soy un hombre agradecido por las arrugas del tiempo
por la vida que he vivido y el amor que aún llevo dentro

por eso cuando amanece y siento un rayo de sol
que ilumina nuestro cuarto donde sólo habito yo
me propongo desafiar a la muerte y su lamento
al dolor de haber perdido a quien jamás olvidé

porque nunca me he olvidado que tú vives en mi cuerpo
porque los dos lo quisimos, que nuestro amor fuera eterno
hoy salgo a regar mi huerto, a esos geranios tan nuestros
para sentir que la vida me invita a que te recuerde

que yo rinda un homenaje a la vida que vivimos
a la juventud pasada, al tiempo que compartimos,
a este amor que no ha muerto, a tus besos y al intento
de nombrarte a cada paso, de llamarte en el silencio

por eso paso los días que aún me quedan en mi huerto
para sentir que estoy vivo, que vivo por lo que siento
y que esperaré paciente con geranios de mi huerto
hasta que llegue el llamado, para partir a tu encuentro

hoy te invito, corazón, a contar lo que has vivido
a renovar esta noche tu juramento de amor
ven conmigo a este conjuro que en las noches yo convoco
porque tú también la esperas para abrazarla otra vez

canta, ríe y nunca olvides cuando la soledad te llame
de enviarle mi plegaria para invitarla a volver
y dile si no regresa que mi amor no se ha perdido
que en mi pecho aún le aguardan
mi alma... y tu bendición.

Inmigrantes

Mientras se acerca la noche, cuando afuera reina el frío
soy uno de esos mendigos que refugio han de buscar
mientras nadie nos comprende, cada uno en su albedrío
el invierno nos agrega otra pena a este dolor

soy parte de ese otro pueblo que por guerras ambiciosas
por riquezas y recursos nos lanzaron a la mar
quizás por alta de amor, tal vez por lo que he perdido
hoy clamo por ese abrigo al no hallar tu compasión

soy testigo del dolor, del abandono y pobreza
que hace que mi tristeza nunca olvide a quien dejó
pero mi sangre circula por un cuerpo generoso
mientras crece la riqueza que ostentarás sin pudor

si no sientes mi dolor, si eres ciego a la miseria
si estás sordo a este lamento ¿qué esperas a despertar?
tal vez tú debas buscar mirando hacia tu pasado
de niños que sus carencias sufrieron en tu país

así podrás comprender
que emigrar no es un paseo
que se juegan por entero
quien busca su libertad

que pobreza no es miseria
que no se pierde el orgullo
que buscar otro destino
es un mandato de Dios

hoy tu vida tiene un precio
que imaginaron de niño
quien no te enseñó el amor
que genera compasión

hoy vives por el dinero
que guardas en un cajero
por comprar lo que no importa
para suplir lo que no hay

desconoces el coraje que proviene de otra tierra
no conoces ni la historia de tu pueblo antes que tú
por eso no los comprendes, por vivir en tu castillo
por eso miras al cielo y al pobre sin entender

quien siente amor por su tierra
que llora cuando abandona
para buscar un camino
y ayudar a quien dejó

y ese Dios que has encontrado
en lujos y borracheras
en viajes y vacaciones
sin importar la ocasión

será el mismo que te olvide
cuando los años te lleguen
cuando llame tu conciencia
a quien no supo de amor

vivirás tu soledad porque todos han partido
porque ya no tienen tiempo de visitar tu vejez
cuando parta tu familia a quien siempre le has mostrado
que el amor y la conciencia se guardan en un cajón

y al mirarte en el espejo tan anciano y desvalido
sabrás por fin que el destino ya no tendrá vuelta atrás
y pedirás que te asistan hasta el último suspiro
de todos los conocidos, de aquellos que tú has querido
quien conozca el sufrimiento. Inmigrantes… como yo.

COMPAÑEROS

Mientras recorro el sendero que la vida me ha mostrado
mientras vamos comprendiendo lo que siente el corazón
mientras tengo la ilusión de encontrar en mi camino
alcanzar mis objetivos, ser feliz en el amor

voy desgranando ilusiones, sueños y tantos proyectos
que olvido que ya hace tiempo alguien suspira a mi lado
que marcha tras de mis pasos y que me ofrece su abrigo
cuando en las noches de invierno, hasta el alma siente frío

cavilando en mis problemas, planeando mis aventuras
nunca me he puesto hasta hoy a escuchar su corazón
que late con emoción cuando le tomo la mano
y que pensando en mis sueños, no me detuve a escuchar

y al susurrar su lamento me detengo en el camino
olvidando mi pasado, mi presente y lo que soy
para encontrar en su alma tantos sueños añorados
tanto amor que me ha brindado y yo no supe apreciar

por eso, porque he mirado de una vez a mi costado
al final he comprendido lo que el tiempo me enseñó
que el amor de quien te quiere si te acompaña en la vida
a veces deja de lado su verdad por tu ilusión

que no pide ni abandona, que estará cuando lo llames
que no hay dolor que no alivie si te entrega el corazón
hoy al fin he comprendido al detener mi camino
que lo que siempre he buscado camina cerca de mí

y con mi abrazo afectuoso digo adiós a mi egoísmo
para entregar en sus manos el proyecto de mi vida
porque el amor que he soñado, al final, lo he comprendido
que hoy camina de mi lado, compartiendo el corazón.

Hasta el final

A la muerte inesperada que está llamando a mi hogar
queriendo llevar al cielo el amor de un corazón
a esa parte del destino que la vida nos depara
hoy le pido que permita que yo ocupe ese lugar

ese sitio reclamado, oh, muerte que nos visitas,
aún no ha sido ocupado, pero alguien llevarás
¿por qué buscas arrancar de mis brazos a mi esposa
mientras descansa a mi lado y abrazo a su corazón?

oh, muerte que hoy nos visitas, con tu manto de tristeza
cumplirás tu diaria cuota, según lo manda el Señor
pero te pido en mi cuarto, arrodillado en el suelo
que no turbes este sueño de quien está junto a mí

y si hoy debes pagar tu cuota de un alma pura
deja vivir a mi amada y llévame en su lugar
porque no podrá olvidar lo mucho que me ha querido
porque sé que sufrirá de angustia y de soledad

hoy yo cumplo mi promesa, que hace tiempo le he jurado
que estaré siempre a su lado, que jamás la dejaré
pero que conservaré su corazón en mi pecho
para que nunca me olvide, ni tampoco olvide yo

sé que nunca olvidará a quien compartió su vida
y pedirá muchas noches que la vengas a buscar
pero no escuches sus ruegos de mujer enamorada
porque nos quedan los hijos, que algún día partirán

dame el tiempo necesario, te lo pido con tristeza,
de despedir con un beso a quien es mi gran amor
a quien compartió conmigo cada noche y cada día
y que hoy no me abandona, compartiendo mi vejez

y si del cielo una noche me permiten visitarla
si se despierta temprano soñando con nuestro amor
sabrá que al fin he cumplido con lo que le he prometido
lo que me rogó en mis brazos, en lejano amanecer

cuando cansados los cuerpos de pasión y de locura
cuando empezó esta aventura, de compartir el amor
cuando besando sus labios le susurraba al oído
yo te prometo mi vida que te amaré hasta el final.

VUELVE… POR MÍ

En la frágil prisión de mi existencia
en los brazos de mis debilidades
los esfuerzos que hice fueron vanos
como inútil el intento de olvidarla

hoy asisto impotente al sacrificio
de mis sueños en pos de un ser querido
son recuerdos lo único que llevo
en mi triste soledad, envejecido

dulces manos que un día la acunaron
entre flores de blancos pensamientos
que su esencia y su néctar han probado
y que jamás de mi memoria partirán

vamos siendo llevados por el viento
que separa tu llanto y mi congoja
si ha sido hermoso ver tu cuerpo entre mis brazos
fue más sublime entregarte el corazón

hoy cual fugaces estrellas en el cielo
cuando los astros anuncian nuestro encuentro
siento la vida escurrir entre mis dedos
y dejo atrás en el camino lo que soy

pues tú lo sabes aunque nadie te lo cuente
que un gran vacío es en mi alma lo que encuentro
yo te he buscado en esta vida sin descanso
porque el amor fue nuestra única verdad

porque vivimos soñando una aventura
que nos llenaba el corazón de algarabía
por eso fuimos de la mano por la vida
y prometimos compartir la eternidad

hoy vibra el alma al saber que te he perdido
siento el dolor que ya atraviesa mi costado
y llora el niño que por siempre llevo dentro
aunque las lágrimas no calman mi pesar

vuelve el dolor hasta en mis últimos momentos
cuando la noche de la vida se aproxima
cuando en mi cuarto tu foto se ilumina
cuando en mis sueños me vuelves a besar

viví mi sueño, compartí mis pensamientos
viví prendado de la vida y del amor
y he terminado este viaje por el mundo
con la esperanza de que me vengas a buscar

si todo es cierto, si es verdad que en esta vida
a quien supimos amar nunca se olvida
yo te he llevado muy dentro de mi pecho
y en esta noche… yo sé que volverás.

Escuchando al corazón

Después de muchos inviernos, de andar por muchos caminos
de transitar sin destino, sin metas, sin objetivos
quizás ha sido la suerte o sucesos de mi vida
que en una noche sin luna, en una vieja taberna, cansado me refugié

iba llamando al destino, abandonado a la suerte
tal vez buscando a la muerte en un vaso de licor
pero no miré a mi lado, ni supe quién me servía
porque fue mi despedida de una vida sin amor

esa noche tormentosa con el alma destrozada
por no tener esperanza, por no dar con el amor
por vivir en el rencor de quien no quiere sufrir
escuché lo que ha cambiado mi vida y mi soledad

«a veces sufre tu cuerpo en trabajos pasajeros
pero quien más ha sufrido, amigo, es tu corazón
porque llevas el dolor escrito sobre la frente
y te has vuelto indiferente a quien tienes frente a ti»

y levanté la mirada cansado de hacer camino
porque esta voz que me hablaba escrutaba mi interior
y escuchando sus palabras he vuelto a ser ese niño
que una vez partió de casa para nunca más volver

quise volver al pasado, cuando todo era distinto
porque tuve muchos sueños mas ninguno se cumplió
y mencioné a aquel extraño mis avatares, mis penas
los amigos que he tenido, la familia que perdí

así terminé esa noche con una copa de vino
llamando a quien no responde
buscando a quien ya se fue
y cuando miro al espejo… quien habló fue el corazón

«vuelve pronto hasta tu casa donde feliz te has sentido
recuerda lo que has vivido y que el amor te creó
y a partir de este momento será objetivo en tu vida
emprender ese camino de escuchar a los demás
de mirarlos a los ojos
comprender su sufrimiento
darles esperanza y consuelo
y abrirles tu corazón»

hoy comprendo que en el viaje, en la vida que vivimos
hay muchos seres que sufren, que necesitan ayuda
por eso desde esta noche, dejo tabernas y vino
para emprender el camino de escuchar mi corazón.

ABUELOS

Hoy el pasado nos llama desde el final del camino
nos invita a regresar donde todo comenzó
a disfrutar de esas risas que en aquel patio de juegos
gozaba junto a mi abuelo, feliz, rodeado de amor

ese amor que han superado, como el temor al fracaso
cruzando mares ignotos con la esperanza al timón
escapando de una guerra, buscando así su futuro
donde el hombre sea consciente de que nació para el amor

y al recalar en puertos de tierras desconocidas
con idiomas diferentes, como el color de su piel
junto al amor de su vida comenzaron su aventura
para formar esa casa donde todo comenzó

comenzó con el trabajo, con la lucha cotidiana
sabiendo que su pareja por siempre lo acompañó
juntando piedra por piedra, construyeron su futuro
para formar la familia de la que hacer un hogar

y así comenzó su sueño de un hogar en armonía
donde faltaba el dinero pero nunca faltó amor
recorrieron su camino que revistieron de sueños
y al final han conseguido disfrutar de su tesón

así fueron nuestro ejemplo con su lucha por la vida
viví una vida de pobres donde no faltó el amor
cuando el abrazo tendido, cuando el consejo y consuelo
lo dio una mano rugosa que siempre me acarició

cómo extraño aquellas tardes cuando me miro al espejo
a mis abuelos en casa donde se brindaba amor
cómo siento aquí en mi pecho que su ejemplo en esta vida
ha sido norte y consuelo, para llegar donde estoy

porque supieron mostrar con su ejemplo y sacrificio
los valores de la vida, los frutos de aquella unión
que nada importan los años, ni el dinero recibido
porque llegado el momento, estás solo frente a ti

y sabrás si tú has vivido como te lo han enseñado
si has sido ejemplo de lucha, si buscasteis el amor
y agradecerás entonces los recuerdos de aquel niño
que aprendió de esos abuelos que están en su corazón.

EL SECRETO DEL AMOR

Cuando sientas que después de andar por tantos caminos
tu esencia vuelve al hogar que una vez has conocido
cuando pienses que has cumplido con tu viaje, peregrino,
donde dejaste detrás a quien mucho te ha querido
no olvides que hoy renuncias al camino del olvido
de quien dejaste de lado tras una noche de amor

hoy comprendes que, al volver, si mi piel huele a perfume
será el olor de otras rosas, de un puerto allende la mar
porque cumplí mi promesa, de esperarte cada noche
en la puerta de mi casa, en la cama y en tu hogar

hoy te debo confesar que mi casa no es tu nido
que contigo he comprendido que no hay amor sin los dos
que lloré por quien se fue, que llamé a quien no me escucha
que tu amor fue una promesa que se te olvidó cumplir

y en las noches solitarias
fui curando mis heridas
mirando siempre a esa luna
que me supo comprender

ya no duermo en solitario porque contigo ha partido
un corazón afligido y el amor que te entregué
pero sabrás al volver que el tiempo no se detuvo
que se secaron mis ojos y sanó mi corazón

que la vida es un camino
y el que tú ya has emprendido
no tiene el mismo destino
que nos juramos tú y yo

te regalé mi esperanza
te he llamado en mi locura
he clamado por tus besos
hasta perder la razón
pero habló mi corazón
que es mi consuelo y amigo
que no te guardó rencor
si te olvidaste de mí

te deseo lo mejor porque una vez te he querido
pero lo nuestro fue un sueño
que no supiste cumplir
hoy yo busco mi consuelo
en la tierra que tú olvidas
porque aprendí de la vida
que somos dos para amar

tal vez hayas comprendido que al amor nunca se juega
que el corazón si se entrega no lo olvidará jamás
que con pasión y ternura conquistaste un alma pura
pero perdiste tu casa, nuestro amor y tu lugar

yo seguiré mi camino, buscando hallar el consuelo
cuando encuentre en este mundo quien se entregue de verdad
otro ser que al fin comprenda el secreto de la vida
que cuando se ama de veras, lo importante es… compartir.

DESPEDIDA A UN AMIGO

En la vida que vivimos, cada cual a su manera,
siempre tuve la esperanza de vivir sin claudicar
de luchar por lo que quiero, de ser fiel a mi camino
de ayudar a quien lo pida y al que me olvide, también

porque fuimos pasajeros en el viaje más hermoso
porque todos somos río que buscamos nuestro mar
porque dentro de nosotros hay algo que compartimos
porque cada ser humano tiene derecho a existir

y por eso he comenzado,
desde niño, este camino
ofreciendo el corazón
a quien buscare un amigo

así traté de ofrecerme, de entregarme a los demás
así he vivido mi oficio como tú también lo has hecho
buscando siempre mis metas, siendo fiel a mis amigos
sin transar en los principios ni olvidar a quien me amó

caminante de este mundo donde luchamos igual
extranjero y natural, por vivir y progresar
por disfrutar esta vida, por perseguir nuestros sueños
por vivir en libertad ayudando a los demás

porque comparto contigo
que peregrino he nacido
que tal vez en otra tierra
busco mis sueños cumplir

porque comprendo mi amigo el destierro y la congoja
de recordar a tus padres que jamás olvidarás
también comparto mi suerte, tu pasado y el futuro
como tantos que han partido y que nunca volverán

nunca mires hacia atrás, no olvides que tu destino
al final de tu camino la vida te mostrará
mantén siempre la esperanza, vive al fin la vida plena
que tus ganas de triunfar animen tu corazón

superaste la tristeza de alejarte de tu tierra
compartiste lo que tienes y lo diste con amor
hoy comprendes que no importa lo que has debido sufrir
pues si tu alma está en paz, eres libre de verdad

hoy yo comparto contigo lo que el mundo me ha enseñado
el mantener la esperanza y ser fiel al corazón
para ayudar a quien sufre y querer sin condiciones
para encontrar el amor y ser fiel hasta el final

en el tiempo que me queda, en el viaje de la vida
atesoro los momentos que jamás olvidaré
y con la mano en el pecho recordaré este presente
este tiempo compartido que he luchado junto a ti

hoy el tiempo que nos queda lo mediré en emociones
mi vida serán canciones al amor y la amistad
por eso amigo te invito a que echemos la vista atrás
que sepamos valorar la amistad y el sacrificio

pues el amor de tus hijos
de quien está junto a ti
serán ambos los tesoros
que feliz recordarás

en el tiempo que nos falta, que nos queda por delante
yo quiero estrechar tu mano y agradecer a mi Dios
la vida que hemos vivido con esfuerzo y sacrificio
con vocación de servicio y que dejamos atrás

todo lo hermoso y mundano, todo juntos compartimos
fuimos dos seres humanos que hemos vivido el amor
y por eso en esta noche, cuando el trabajo termina
te pido que me acompañes en un rezo a nuestro Dios

al Dios que alivia las penas, que mantiene la esperanza
que te ha dado la templanza de ser fiel a tu verdad,
amigo, hoy pediré que tu huella sea indeleble
que yo recuerde tu vida como ofrenda de amistad

y pido a Dios te conceda
que tus hijos nunca olviden
que lo que deja tu vida
es tu amor por los demás.

Mi confesión

Ha llegado mi momento cuando con setenta abriles
hago un alto en mi camino y vuelvo la vista atrás
aún tengo en mi memoria los sucesos que he vivido
aún llevo sentimientos que puedo comunicar

hoy agradezco a la vida tantos años que he cumplido
tantos amigos lejanos que hoy forman parte de mí
cuando joven recibí de mis padres el ejemplo
de luchar por la familia, de entereza en la vejez

a mi religión oré, también fui penitente
y he tratado con el tiempo sus principios de cumplir
así con esos valores y con fe en el porvenir
elegí la medicina como forma de vivir

allí tuve ese lugar donde volcar mi sapiencia
allí pude madurar combatiendo el sufrimiento
hoy que miro mi camino cual hombre que peregrina
yo le agradezco a la vida porque encontré mi lugar

allí me pude entregar sin horario, sin presiones
pues siempre que he trabajado les brindé mi corazón
porque encontré la pasión de una entrega consecuente
porque escuché su llamado, porque mantuve mi fe

y con esos dos amigos que nunca me abandonaron
los principios de mis padres y la fe que practiqué
hoy que al fin me he retirado podré descansar en paz
pues no dejé de luchar por quien nunca tuvo voz

aprendí lo más hermoso de la carrera y la vida
a mirar dentro del alma y a escuchar mi corazón
y si llegó ese momento de dejar mi sustituto
le deseo que no olvide sus principios y su fe

por eso miro de frente
a la gente que saludo
por eso hoy les confieso
que he conocido el dolor

pero hallé siempre el camino para entregar mi persona
porque a pesar de los años, de todo lo que he vivido,
hoy confieso ante vosotros que aún creo en el amor.

SIGUIENDO SU CAMINO

Hoy son tantos los recuerdos que me visitan en casa
que confunden a mi mente como a mi corazón
siento miedo en estas noches cuando tan sólo me encuentro
porque he pasado mi tiempo sin el amor en mi hogar

los recuerdos me visitan cuando menos los espero
me llaman a que los traiga de un pasado que perdí
que disfrute esos momentos como lo hice algún día
cuando todo era alegría, esperanza y emoción

y le reclaman al alma el lugar que antes tenían
formando parte de un sueño, el que jamás olvidé
como ese tiempo que añoro cuando al amor sonreía
cuando sentí que la vida me daba una oportunidad

revivirlos he intentado, en mi mente ya cansada
por los misterios del tiempo, por la vejez y la edad
y al recordar tus caricias, tu mirada y mis abrazos
que viven dentro del alma ya no los voy a olvidar

he buscado en mi memoria lo que compartí contigo
recordar que tú te has ido, sin saber bien el porqué
y me recuesto en tu almohada cuando pregunto a la luna
si es cierto que me visitas, cuando sueño que vendrás

hoy que mi vida ha cambiado, con tu viaje y con los años
cuando la fe y la esperanza me impulsan a persistir
sabrás cuando me dejaste para partir a otra vida
que mi promesa mantengo y, al final, te encontraré

recordaré las mañanas que me dejabas un beso
conservaré en mi memoria las tiernas noches de amor
y dónde fue aquel amor, nuestra pasión y mi entrega
que aunque pasaron los años, mi mente nunca olvidó

son estas canas del tiempo que me recuerdan a veces
que mi tiempo ya se acaba, que he perdido la ocasión
de ocultarte aquí en mi cama, de impedir que te marcharas
de luchar porque te quedes, de ofrecerme en tu lugar

hoy que ya tengo asumido que viviré en soledad
cuando el destino me llame… le diré que estoy dispuesto
para viajar a tu lado y por fin cumplir mi sueño
de reencontrar a mi amada y su amor en mi vejez

y si al final ha llegado mi despedida del mundo
donde compartí el camino con la mujer que me amó
para seguir tras su huella, para vivir a su lado
recorreré este camino, directo a su corazón.

AMANECER

Amanece en mi ventana mientras que solo contemplo
con sus diversos colores otro día en su esplendor
pinta el cielo mi vejez de esperanza renacida
al compartir nuestras vidas y ver los niños crecer

manifiesta sus colores desde el ocre hasta el brillante
muestra el cielo tanto encanto que al alma hace vibrar
fiel diapasón de sonidos que transportas con la brisa
que al entrar por mi ventana busca siempre el corazón

llamas siempre a la nostalgia
la buscas como a una amiga
donde yo llevo escondida
el recuerdo de su amor

este placer que me brindas es el goce de mi alma
al ver la vida que empieza cada nuevo amanecer
y otra vez como aquel día que al despertar de mi vida
sintiendo que la hice mía quise al cielo agradecer

hoy son clamores lejanos
que al amanecer me llaman
pidiendo que te contemple,
vida, en todo tu esplendor

porque amanece otro día
y al mostrarnos su belleza
sólo puedo agradecer
el milagro de soñar

de disfrutar la alegría
de la familia y amigos
de un trabajo que ennoblece
y es ejemplo en nuestro hogar

por eso cuando estoy solo.
al contemplar su esplendor
vuelve a mi pecho el anhelo
de vivir un día más

porque vivir otro día
aportando mi alegría
también me dará ocasión
de abrirles mi corazón

podré volver a ese tiempo
con mis recuerdos queridos
y soñar que no se han ido
que amanecen junto a mí

y si añoro lo perdido
a quienes siempre he querido
los invitaré una noche
en mis sueños a mi hogar

verás los rayos del sol
que aparece entre las nubes
que te devuelve a la vida
que hace fuerte el corazón

porque si mucho he vivido
si la amé sin cortapisas
dejaré pronta mi alcoba
para esperarla otra vez

y agradecer cada día
el regalo de la vida
como un canto a lo que he sido
como un sueño del ayer

y renuevo mi entusiasmo
al saber que no me olvidas
brilla sol sobre la cama
y canta mi corazón

porque aún siento alegría
aún mantengo la esperanza
así vivo cada día
y agradezco mi vejez

porque pude contemplar
cómo la vida renace
cada día en mi ventana
con un nuevo amanecer

porque hoy tengo el regalo
de la vida entre mis manos
por eso, y porque aún te quiero,
padre que tanto venero,
al despuntar este día…
agradezco yo también.

CUANDO LLEGUES A VIEJO...

Si ha llegado el momento en que vence el hastío
como vence el silencio si no hay nadie contigo
cuando sientes que el frío de un amor que has perdido
te ha dejado una herida que no puedes cerrar

si hace tiempo has notado que el dolor no ha cedido
que un profundo vacío cubre toda tu vida
al pensar que la pena se ha fundido a tu cuerpo
y que sólo tu llanto no lo puede quitar

notarás que este tiempo que tan sólo has vivido
que al final has perdido la esperanza de amar
si la llevas muy dentro para echar al olvido
cuanto más has querido, es más grande el dolor

buscarás quien te ayude con tu vida y tu pena
buscarás los amigos que, al final, ya no están
y sabrás que la pena que hoy oprime a tu alma
no la ahogas en llanto, ni calma el licor

si al final te convences, que tomaste un camino
que te lleva al silencio, que te abre en canal
que introduce en tu alma sufrimiento y castigo
pues volviste en tu vida un amor en rencor

hoy quizás la mañana cual hermosa doncella
te visite en tu casa y te invite a soñar
y final si comprendes que no todo has perdido
que lo grita tu pecho, que aún conservas su amor…

es entonces que llegas a cambiar tu destino
cuando pides consejo a tu fiel corazón
porque aún la conservas, en tu alma y tu vida
porque siempre habrá tiempo de pedirle perdón.

Envejecer

«Carpe diem, tempus fugit».

Cuando llegues a esa edad que te invita a recordar
esa estación del camino que la llamamos vejez,
recuerda con atención la importancia que ha adquirido
porque allí es donde descargas lo que guarda el corazón

si detienes ese viaje, ese perenne trasiego
de quien corre por la vida sin conocer el final
donde todo es diferente hasta el aire que respiras
donde nostalgia y presente buscan ambos su lugar

ten presente la importancia de la vejez en tu vida
no desprecies cuando llegues el tiempo de recordar
lo que tu mente te pide con renovada alegría
y también lo que has vivido como experiencia vital

vuelve a disfrutar del canto, de la vida y sus vaivenes
vuelve en brazos de tus padres a aprender a caminar
recuerda cuánto has querido a los amigos perdidos
y a ese amor adolescente que jamás lo olvidarás

es hermoso contemplar cómo ha pasado la vida
es el gozo que disfruta quien contempla lo que fue
no es la carga de los años ni lo que al fin has perdido
sino saber que el destino te dio la oportunidad

de crecer con bendiciones
del amor que has recibido
en los brazos de tus padres
y, también, de una mujer

has logrado comprender de la vida sus secretos
has elegido un camino para encontrar el amor
y hoy que al fin has conocido que tu mundo se termina
ha llegado ese momento donde sólo busques paz

al llegar a esa estación que algunos llaman vejez
llevas años de recuerdos, de sueños que has compartido
de trabajos y de luchas por lograr tus objetivos
llevas dentro de tu pecho, experiencia y emoción

y comprendes que este viaje
que algunos llamamos vida
no termina cuando sientes
que has llegado a la vejez

porque al final lo sabrás que tu vida no fue en vano
si sostuviste la mano de quien tuvo que marchar
si viviste en armonía con la vida en tu camino
si compartiste tus sueños, si conociste el amor

y al disfrutar de tus canas recordando tu pasado
sientes que ya has conseguido lo que supiste buscar
porque durante el camino mantuviste tu objetivo
porque fuiste el arquitecto de tu vida y tu destino

llevas lleno tu equipaje del amor y de recuerdos
llevas siempre aquellos rostros que no pudiste olvidar
y los llevarás contigo, contra tu pecho desnudo
cuando partas algún día en busca de tu verdad

y si piensas esta noche cuando mires al espejo
que las arrugas del rostro hacen viejo al corazón
vuelve a escuchar ese canto que la vida te dedica
porque el tren que tú has tomado termina en la eternidad.

Enseñanza (soneto para un amigo)

Hoy te encuentro, viejo amigo, llorando lo que no has sido
buscando dar importancia a cada falso placer
y recuerdo aquellos días cuando todo era esperanza
cuando al mundo le exigías que te hiciera más feliz

le has pedido a tu destino que te otorgue lo que quieres
sin hacer tu sacrificio, sin luchar por tu lugar
y jamás has comprendido que el amor no se concede
que se lucha por quien quieres entregando el corazón

todo juntos compartimos, alegrías y tristezas
pero el camino elegido, al pensar tan diferente
hizo que hoy yo me encuentre a otro amigo en tu piel

pues si es verdad que la vida tiene premios y alegrías
ojalá que lo comprendas y luches por tu destino
porque al final lo que ofrece se llama oportunidad.

SUEÑOS

Hoy me encuentra sin esfuerzo gozando tu compañía
cuando en un viaje imborrable yo me siento junto a ti
conversando sin temores de planes y de aventuras
que me transportan a tierras que yo nunca conocí

y en este viaje soñado vivo al fin mis aventuras
hasta que sale la luna e ilumina donde estoy
y al percibir esos sones de músicas desconocidas
siento que algo ha pasado, y vuelvo a reconocer

que partió el joven de antaño, que mi casa es solitaria
y buscando compañía, palpita mi corazón
y me armo de valor, para buscar el espejo
que me muestra que estoy viejo, y mi vida es soledad

y siento al final angustia por recordar lo vivido
siento un dolor en el pecho, al pensar que te perdí
y despierto de esos sueños donde viajo acompañado
para volver al presente y aceptar que ya no estás

que son trampas de mi mente
que me engaña sin malicia
que soñar es el intento
por volver a ser feliz

por eso al llegar la noche junto al frío del invierno
sólo le pido a mi Dios que en sueños vuelvas a mí
que no permita en la vida que yo olvide a quien he amado
que me visites en sueños, confesándome tu amor

pues son sueños tan hermosos los que reviven recuerdos
son viajes imaginarios que me devuelven la fe
que me permiten que siga caminando tras tus huellas
que recuerdan que mi vida con ella fue tan feliz

y soñaré hasta que llegue
quien me lleve hasta su vera
porque sólo me consuelan
los sueños... en la vejez.

Mi testamento

Hace tiempo te he dejado
en un cajón de mi mesa
junto a la foto que un día
nos hicimos junto al mar

el consejo de mi vida
para que nunca me olvides
para que sigas mi huella
y no te olvides de mí

porque tengo que marchar
allá donde a ti te espero
porque he cumplido al final
mi ciclo en este lugar

mas quisiera que supieras
que todo lo he convertido
mi pasado y lo que he sido
en un hombre como tú

por eso es que en esta noche
al besarte ya dormido
dejo el alma en este beso
que te doy de despedida

y te dejo mis consejos
al darte mi despedida
para que guíen tu vida
y te hagan más feliz

busca elevar tus metas
conservar tantos recuerdos
recordar a quien ha muerto
y el tiempo que han compartido

no intentes dejar atrás
tanto amor que has recibido
tantos sueños de la infancia
cuando nada estaba escrito

busca obtener de este mundo
enseñanzas y experiencias
busca compartir tus sueños
mientras buscas la razón

para poder compartir
tu camino en esta vida
para brindarle alegría
y ahuyentar tu soledad

busca tiempo para amar
tan fuerte como el primer día
busca el secreto en la vida
y lo que puedas dejar

para entregar con nobleza
tu promesa de una vida
para confesar al mundo
que tú aprendiste a amar

que al fin pudiste entregar
lo que una vez yo te di
ofrécele lo más bello
que guarda tu corazón

y al final cuando te encuentres
con el final del camino
recordarás mi mirada
y te volverás testigo

de que quien te dio la vida
estará siempre contigo.

Alma y vida

Alma que vives conmigo,
te pido no me abandones
porque al llegar esta noche
ya no me queda un amigo

alma que siempre comprendes
que sabes lo que he sufrido
por ser fiel a la esperanza
por luchar por mi destino,

cuéntale a quien te pregunte
cuando por fin me haya ido
que me entregué por entero
que supe amar en la vida

que me invadió la nostalgia
al saber que había partido
pero tuve la confianza
de encontrarnos más allá

dame tu mano desnuda
esta noche, compañera,
pues sólo tú me comprendes
cuando me acecha el olvido

sólo tú me has escuchado
en tantas noches en vela
rogando a Dios que permita
que vuelva a estar a su lado

y hoy que del cielo me llaman
a rendir cuentas a Dios
te pido que me acompañes
porque serás mi testigo

de lo mucho que he luchado
de lo mucho que he sufrido
para lograr que ese amor
no se pierda ni se olvide

llévame donde se encuentre
hoy te lo ruego, alma mía,
y cuando vuelva a sus brazos
como ayer cuando era mío

serás tú quien lo proclame
ante los cielos reunidos
ante ángeles gozosos
porque el amor no se olvida

no nos separó la vida, ni el dolor, ni la congoja
nunca ha logrado el olvido que se borre nuestro amor
y venceremos la muerte, como vencimos en vida
al dolor de separarnos, cuando tuvo que partir

y por eso al despedirme del camino recorrido
te confieso agradecido que hoy te siento junto a mí
gracias por estar conmigo, por compartir lo vivido
sé bien que cuando yo muera, tú me llevarás contigo

y será cuando le encuentre, cuando descanse en sus brazos
que podrás decirle al mundo que tu meta se ha cumplido
que el alma nunca abandona a quien la lleva consigo
y que el amor que hoy confieso vivirá siempre contigo.

Para ese día

Para revivir mis sueños los recuerdos de mi vida
de este amor que compartimos hoy compro un cofre vacío
para llenarlo de besos, de caricias compartidas
para guardar allí dentro los secretos de una vida

para no olvidar ninguno
de los momentos contigo
puse candado a mi mente
para que no entre el olvido

porque es tanto que te quiero
y es tanto lo que recibo
que no me importa el futuro
si tengo el cofre querido

lo llenaré en esta vida de cada tierno momento
de lo que siento a tu lado y quizás no te lo cuento
de tu mano entrelazada que despierta mis mañanas
de aquel amor que jurabas y que lo hicimos verdad

pues nada separará lo que el amor ha vivido
y jamás se perderá el recuerdo de este amor
porque vivimos la vida siempre juntos, lado a lado
porque grande es el pecado de quien vive sin amor

así guardo por las noches
en secreto cuando duermes
la pasión de nuestros cuerpos
que viven en comunión

así viajan nuestras almas
que transitan un camino
van hacia ese destino
que sólo conoce Dios

y cuando lleguen los años
cuando nos falten las fuerzas
seguiremos adelante
luchando en nuestra vejez

por lo sueños que tuvimos
por los amigos de entonces
por conservar la esperanza
de hacer un mundo mejor

por educar a nuestros hijos
por dar amor sin medida
por compartir el cariño
que guardo en mi corazón

allí escondo mi cofre
que está lleno de aventuras
que rebosa de tus sueños
y reposa en el amor

porque aún más ancianos
seguiremos lado a lado
porque siempre habrá una meta
algún sueño que cumplir

y cuando llegue ese día
que los años nos alcancen
que me llamen desde el cielo
porque yo habré de partir

te dejaré cual regalo
como postrera despedida
para que guardes contigo
mi cofre… lleno de amor.

AMOR ETERNO

Fueron mis sueños de entonces que convertí en aventuras
era el amor a la vida que siempre me acompañó
y fue hermoso aquel instante que tus ojos y los míos
se encontraron esa noche que nos juramos amor

fue mi destino tu vida
fue mi ruta tu camino
y jamás lo habría soñado
hasta que habló el corazón

y me alegró confesarme ante mis seres queridos
ante todos mis amigos que he conocido el amor
ese amor sin condiciones, pura pasión y ternura
que compartí con tu vida como un regalo de Dios

mas tuve miedo al destino cuando buscaste otro día
una nueva compañía, otra forma de vivir
un camino alternativo al que planeaste conmigo
otro mundo diferente donde encontrar el amor

y hoy que la vida nos muestra los sucesos del pasado
nos invita a compartir lo que el alma nunca olvida
tal vez podamos charlar, recordar lo que soñamos
y contarle a nuestros hijos que una vez hubo un amor

hoy me duele recordar que, al final, los dos perdimos
yo te ofrecí la esperanza de entregar mi corazón
tú buscabas la ocasión de tener una aventura
e hiciste un alto al camino, para buscar otro amor

y si al fin nos encontramos en el final del camino
cada uno a su manera, buscamos siempre el amor
dando siempre el corazón aunque tal vez no has sabido
que desde que tú te has ido, busco en vano tu calor

que tengo escrito en el alma con sangre lo que he vivido
que tu nombre lo he guardado como un regalo de Dios
que quizás no supe amar o tal vez no has comprendido
que aquel que entrega su vida te lleva en su corazón

por eso hoy te pregunto si has mirado en el espejo
si has llegado a disfrutar del amor en otro hogar
si tú has hecho realidad los sueños que compartimos
y si al pasar de tantos años, olvidaste este lugar

pues sólo llevo tu nombre grabado en mi corazón
sólo llevo en la memoria el tiempo que compartimos
porque dejaste a mi lado el recuerdo de tu vida
porque viven a mi lado las caricias de tu amor

y si sabes comprender
sin palabras lo que siento
si al mirar mis ojos negros
reconoces al amor

descubrirás la verdad
que buscaste tanto tiempo
sabrás que mi alma no miente
y que a tu amor… yo esperé.

NADA SE HA PERDIDO

He sido en tu vida fugaz peregrino
por no detener mi tiempo contigo
he sido una sombra fugaz en tu vida
que nadie recuerda, que todos olvidan

he sido el silencio que a veces te duele
cuando entre la gente buscas un amigo
cuando tu alma siente que extrañas a tu amado
cuando te das cuenta que sólo he partido

no sientes que mi alma te pide tu ayuda
cuando por las noches el viento se calma
cuando aquella luna entra en la ventana
y cuenta a tu oído que no te olvidé

si olvidas tan pronto que yo te he querido
y engañas al sueño llamando a otro amor
no olvides que un día tu alma y la mía,
juntos de la mano, juraron su amor

que aquella mañana después de mis besos
todo era distinto, todo era emoción
me diste tu cuerpo, tu piel, tu cordura
y yo de respuesta te di el corazón

y hoy que el sol lastima mi rostro cansado
que como una sombra te olvidas de mí
recuerdo aquel sueño que juntos logramos
que nos prometimos hacerlo verdad

fue esa hermosa luna por siempre el testigo
de aquella aventura de intensa emoción
de unir nuestros cuerpos en sólo una vida
de dar los dos juntos las gracias a Dios

yo nunca he olvidado tus labios tan tiernos
tu dulce perfume, la miel de tu amor
y llevo conmigo tu rostro adorado
porque siempre espero volver a tu amor

tal vez no supimos creer en lo nuestro
tal vez lo juzgamos, un sueño de amor
pero si es el tiempo que obliga al olvido
hoy yo te aseguro que no te olvidé

pues no estaba escrito que deba olvidarte
que en nuestro camino exista otro amor
que sufra en mi carne soledad y encierro
que tú me abandones y olvides mi amor

por eso este día lo quiso la suerte
que, sin proponerlo, hallara tu hogar
y allí yo escuchara tu dulce lamento
aquel bello canto yo nunca olvidé

y al verte de nuevo, viviendo entre flores
recuerdo el geranio que te di una vez
mas vuelvo al camino llorando a escondidas
voy solo a mi casa, donde no hay amor

hoy alguien me llama y detiene mi paso
me vuelvo despacio creyendo escuchar
que llaman mi nombre, como antes lo hacías
y al ver quien me nombra, me pongo a llorar

pues corres llamando a un niño pequeño
que por la pradera retoza sin fin
que cuando lo abrazas señalas mi paso
que a quien tanto quieres llamas como yo

y al verlo a tu lado mi dolor se calma
mi alma quisiera pedirte perdón
por creer perdido lo que nos ha unido
porque has realizado mi sueño de amor

hoy ya lo he entendido, se fueron los días
de negros presagios, de cruel soledad
pues nada he perdido de lo que soñamos
sólo fue un invierno en mi corazón.

Reflexiones de un amigo

Ante el mundo que el rumbo ha perdido
con sus guerras y falsos valores
de existir sin mirar el futuro
de olvidarse de la eternidad

yo quisiera que sepas, amigo,
que no es cierto que debas cumplirlos
que recuerdes lo que has aprendido
y no olvides tus sueños de ayer

que la vida no es sólo un instante
que el amor si al final lo consigues
te dirá que no hay nada en la vida
que no implique tener que luchar

hoy te angustias porque has descubierto
que al final la familia ha partido
que los hijos ya se han realizado
que cumpliste tu ciclo vital

cuando el mundo ya gire más lento
y te angustie olvidar lo querido
dile al mundo que nunca has dejado
de luchar por lograr el amor

que jamás olvidaste a un amigo
que cumpliste con tus compromisos
que, al final, lo que importa en la vida
es hallar en el alma la paz

no es verdad lo que dijo el poeta
que se debe vivir sólo al día
que no importa el futuro lejano
que no debes pensar en después

porque el alma no vive en presente
porque sé que perdura en el tiempo
donde guardas los seres queridos
los que llevas en tu corazón

y es por eso que yo te respondo
cuando intentas saber de tu viaje
si en el alma llevas tu equipaje
si conservas los sueños de niño

si el amor verdadero has vivido
sólo queda ante ti otra verdad:
que la vida perdura en el tiempo
sólo el alma te llevas contigo

que será tu mejor compañero
quien te lleve a otro mundo de amor.

ME HAN CONTADO...

Me ha contado un amigo
que mirabas la luna
y que a veces me llamas
muy despacio otra vez

que intentaste olvidarme
pero nunca has podido
ocultar el gemido
que lanzó el corazón

sólo he sido en tu vida
ese amor que no olvidas
al partir de tu casa
para nunca volver
que has negado en tu vida
lo que a mí has prometido
entregar en mis manos
lo que yo te brindé

intentaste borrarnos
de tu vida y tu sueño
y has dejado a mi niño
sin poder comprender
que el amor si es sincero
se comparte en la vida
y que atrás has dejado

a quien fue tu mujer

hoy que el tiempo y los años
te han pasado factura
que jamás conseguiste
quien te brinde su amor
ha llegado a mi puerta
a llamarme un amigo
que me cuenta que lloras
sin poder olvidar

y otra vez te contesto
lo que siempre has sabido
que has dejado marcado
para siempre tu amor
en mi niño dormido
en el joven que ahora
junto a mí te contesta
que aún te espera el amor

hoy te pido que vuelvas
a ocupar nuestra casa
a esperar el abrazo
que intentaste olvidar

si al pasar de los años aprendiste a quererlo
aprendiste a llamarlo y hoy se ha hecho verdad
mi respuesta a tu angustia es que nunca te olvido
ni el rencor ni la pena han borrado tu amor

y si vuelves a casa cuando a ti te reciban
esos brazos del niño que jamás te olvidó
tú sabrás que las penas que al partir has dejado
para siempre he borrado dentro del corazón

y a mi niño en la casa
cuando su padre ha partido
le he contado que ha ido
tras su sueño de amor
y que al fin de su vida
hoy por fin lo ha encontrado
pues el sueño buscado
siempre estuvo en su hogar.

Cuando pienso en mi vida

Hace tiempo he intentado, he buscado en mi vida
entregar lo que he sido, compartir el amor
y cumplir con quien supo enseñarme de niño
a buscar mi camino, a cumplir mi misión

de ser fiel en la vida
sin fatiga ni engaños
a ocultar el cansancio
por hallar mi lugar

por ser fiel a un amigo, por tener objetivos
por dejar en el mundo una huella de amor
y viví a mi manera sin truncar otros rumbos
sin envidias ni celos al brindar lo que soy

porque ha sido mi vida
como aquella aventura
que soñaba de niño
y al final yo cumplí

hoy termino mi vida sin saber si he logrado
al estar a tu lado, demostrarte mi amor
mas el tiempo me llama a entregar lo que queda
a dejar mi regalo, a vivir hasta el fin

y por eso esta noche a la luz de la luna
me acurruco a tu lado para hacer el amor
este amor que fue pleno, que fue intenso y longevo
que madura con besos, que confirma que fui

para algunos… amigo
para el alma… testigo
de los hijos… camino
y de ti, dulce amada

yo seré cuando parta
ese amor que no olvidas
que agradece a la vida
tu presencia… hasta el fin.

ADIÓS A LA SOLEDAD

A veces llega el momento
cuando el corazón te pide
que busques en tus recuerdos
el perfume de un amor

ese tiempo que has vivido
y los sueños que has tenido
el camino que dejaste
sin nunca mirar atrás

son engaños de la mente
son sueños que reconfortan
que me llevan en sus brazos
a tiempos que no olvidé

a los que a veces añoro
cuando atardece en mi casa
cuando la noche me llena
de angustia de mi vejez

y siento que aún conservo
sus besos en mi mejilla
porque fueron los postreros
que me has dejado al partir

y hago trampas al presente
invocando mi pasado
por sentirme acompañado
del amor que no olvidé

de tiernos amaneceres
mientras estaba en sus brazos
cuando juntos de la mano
disfrutamos nuestra unión

son retazos de una vida
que mis noches alimentan
pues llamando a mis recuerdos
te mantienen junto a mí

que me devuelven la vida
que no dejan que te olvide
que vuelven a aquella noche
que te entregué el corazón

los guardaré para siempre
en mi pecho y mi memoria
y contaré nuestra historia
por el tiempo que vendrá

ya no habrá más soledad
pues tu amor vive conmigo
y si de noche un invierno
escucho ulular al viento

al escuchar su lamento
alguna noche sin luna
sabré que al fin todo es cierto
que vuelves a estar conmigo

que puedo oír tu llamado
que me susurra al oído
y me dices que me esperas…
como me lo has prometido

esta noche comparé
el más preciado licor
para brindar con champán
por mi partida del mundo

hoy siento que no he soñado
lo que al final he sabido
que me esperas en el cielo…
como tú me has prometido.

HISTORIA DE UN AMOR

Me enamoré del amor
cuando tu vida y la mía
tan joven se prometían
un amor sin condición
una vida de aventuras
donde reine la alegría
la promesa de un amor
que nunca pueda olvidar

y me entregué entre tus brazos
como a la noche una estrella
me hiciste ver la más bella
y te ofrecí el corazón

y comenzamos lo nuestro
con la pasión más secreta
y nos llenamos de besos
hasta saciar nuestros cuerpos

me llevaste hasta tu casa
y me acompañaste al cielo
para mostrarme en tus brazos
cómo se goza el amor

así logramos hacer
de una casa nuestro nido
así vinieron los hijos
a quien les di lo mejor

los llevo en mi corazón
como he llevado a tu vida
porque supe compartir
mi sueño y tu realidad

pero pasados los años
te volviste indiferente
encontrando mil excusas
para faltar al hogar

ya no volvió la pasión
porque mataste a este amor
no compartí tu alegría
porque te faltó valor

y aunque respeté tu tiempo
y fui fiel al juramento
al fin lo supe una noche
que tu amor tenía otro hogar

quizás no fue suficiente
ni mi esfuerzo ni el trabajo
ni el cuidado de tus niños
y el tiempo nos separó

pero supe comprender
que las arrugas del tiempo
tan sólo son cicatrices
en la historia de mi amor

y aunque al final has partido
nada dejas, ni te olvido
porque vivo agradecida
por compartir el amor

pero el amor no es traición
ni exige al tiempo medida
crece con el sacrificio
que hacemos entre los dos

porque al dejar esa parte
de tu amor y tu alegría
la que llena nuestra casa
de tierna algarabía

algo de ti has dejado
sin pensar, sin proponerte
lo más hermoso en la vida
los hijos de nuestro amor

quizás no supe entender
que tú amabas la aventura
de seguir a tus deseos
sin pensar en los demás

quizás no quise olvidar
que los dos hemos crecido
y que los hijos nos llaman
como nos llama el amor

tal vez tú no has comprendido
lo que pediste aquel día
que mi corazón se entrega
una vez y nunca más

por eso pido a mi Dios
que me permita en la vida
recordar lo que he vivido
y aprender de esta lección

que donde dejas tu amor
a quien dedicas tu vida
a veces no es buena tierra
ni germina tu semilla
pero quiero que te grabes
muy dentro del corazón
que quien te brindó su amor
será quien cuente tu vida

que di mi amor sin medida
y al recordar tu alegría
cuando llegue mi partida
sabré decir la verdad

que yo llevo dentro de mí
hasta el final de mis días
un amor que me consume
y una herida sin perdón
los hijos que hemos tenido
y el dolor de tu traición.

Para que nunca me olvides...

Hoy que confirma mi cuerpo
que el tiempo deja su huella
que aunque aún no me ha vencido
ya no soy aquel que fui

yo quisiera retornar a aquellos tiempos vividos
lejanos tiempos de entonces donde soñar fue vivir
cuando tuve la ilusión de vivir en armonía
donde sonrisas y cantos eran pan de cada día

esas hermosas canciones
hoy resuenan nuevamente
para traer al presente
el recuerdo de quien fui

así yo te conocí una hermosa primavera
así logré que se fuera la angustia del porvenir
porque supiste mostrarme la amistad y ternura
que aquellas noches de luna convertimos en pasión

he intentado conservar
durante tantos inviernos
los sueños que compartimos
mientras llega mi vejez

he luchado por amar
cada día intensamente
aquella luz en tus ojos
y hasta el perfume en tu piel

y hoy temblando ante el espejo
que mira dentro de mí
siento que se acerca el día
en que me digas adiós

y lloro aunque no lo veas
porque le temo al olvido
porque hoy he comprendido
que nuestra vida es amor

que yo sólo aceptaré la invitación del barquero
si tú aceptas conservar en tu pecho un corazón
el mismo que te ofrecí, el que ha vivido a tu lado
el que jamás ha dudado que vivirá junto a ti

para que nunca me olvides
y hacer eterno lo nuestro
sólo quiero que tú sepas
que en esta noche he pedido

que me permitan dejarte
en un lugar bendecido
al alma que te he entregado
para que nunca me olvides.

TESTIGO

A menudo me pregunto, aunque siempre lo he sabido
cuál ha sido mi camino, si elegí bien mi destino
si la suerte o coincidencia me llevó por otro rumbo
si al llegar a mi final, es lo que siempre soñé

si supe ver entre sueños mis ilusiones pasadas
la puerta hacia mi destino, lo que intenté conseguir
si fui fiel a mis amigos, si he cumplido con mis padres
la promesa que una tarde les hice antes de partir

si fui fiel a su enseñanza, sus valores y principios
si en mi larga trayectoria supe ser fiel al amigo
si busqué sin claudicar con quién hacer el camino
y siempre guardé esa flor con que conquisté tu amor

porque nada se ha perdido, en mi mente está guardado
porque todo he compartido, el amor y la pasión
y grabé en mi corazón el nombre de mi pareja
para que fuera testigo del amor que le entregué

hoy que el tiempo me permite reflexionar en mi vida
si cumplí con quien yo quise, si fui fiel a la verdad
cuando los años me pesan, cuando me acecha el olvido
busco encontrar las respuestas que me devuelvan la paz

y te pido en esta noche con tu mano entre las mías
que me ayudes a dejar esta vida y recordar
que si fui fiel al destino que una vez hube elegido
sólo llevo de testigo el amor que tú me das

sólo tú responderás
este dilema en mi nombre
porque guardas en tu pecho
… a quien te dio el corazón.

Conocerse

Hoy con los años comprendo
lo que antaño me enseñaron
a vivir intensamente
a soñar quién quiero ser

hoy yo te puedo contar
lo que al fin he conocido
que lo que más has soñado
que lo que más has querido

que aquello que te ha inquietado
con el pasar de los años
es conocer tu destino
y saber a dónde vas

porque vives tu esperanza soñando mientras caminas
y en tu rostro vas mostrando al mundo que eres feliz
nada oculta tu alegría, muy seguro es tu camino
cuando confiesas a todos que no te inquieta el final

porque al fin has comprendido
que somos cual peregrinos
que llegamos a esta tierra
a luchar por un lugar

que el destino es ser feliz
disfrutando tu camino
que la huella que tú dejes
la seguirán los demás

así tú comprendes la vida, tus amigos y el trabajo
así esperas que algún día alguien te entregue su amor
porque sabes que en el mundo cada cual tiene un destino
y el tuyo tiene adelante años de felicidad

y cuando pasen los años de ardorosas primaveras
y el otoño de tu vida te visite alguna vez
tal vez sientas que el camino te dirige a otro destino
que nunca los has perseguido, que te obliga a preguntar

qué fue de aquellos inviernos con el sol de su cariño
qué fue de aquellos encuentros a la orilla de la mar
si al llegar hasta tu casa siente que buscas su abrigo
si comprende que en tu vida sólo vives por su amor

tal vez recuerdes el día que tu padre al despedirte
te dio su postrer consejo, junto a su abrazo final
pues al fin has comprendido que te dio en su despedida
el ejemplo de una vida que ya nunca olvidarás

cuando recuerdes sus ojos y lo sientas muy cercano
si ha vuelto a estar a tu lado y te ayuda a recordar
a preguntarle a la vida cuál ha sido tu destino
si elegiste aquel camino de servir a los demás

quizás no tengas respuestas porque viviste aturdido
con proyectos inconclusos, con quimeras del ayer
pero hoy lo has comprendido, la razón de tu camino
y en silencio te recuerda que habita en tu corazón

escucha a tu corazón que guarda los sentimientos
que conoce tu persona, que siempre te comprendió
y si quieres trascender y la esperanza te anima
sabrás que el alma te pide que, al final, oigas su voz

que te dice que es verdad que al amor te has entregado
que tu esfuerzo no fue en vano, que tu sueño se cumplió
que una vida no se apaga si al final lo ha comprendido
que feliz es quien la vive cuando conoce el amor

que dejarás una huella más profunda que tu vida
que dejarás un camino que puedan otros seguir
que tu ejemplo en esta vida, compartiendo tu alegría
nunca más será olvidado, pues le brindaste tu amor.

Poetas

Somos recuerdos vivientes
de tiempos que ya se han ido
de amores no comprendidos
de sueños de ser feliz

somos la innata presencia
de quienes nunca olvidaron
en su paso por la tierra
el amor y la amistad

somos paz y algarabía
somos dolor y agonía
somos presente y futuro
y testigos del amor

somos la voz del anciano
que por falacia divina
olvida lo que ha vivido
y el recuerdo de quién fue

también somos alegría
somos consuelo en la vida
de aquellos que no se olvidan
que vivieron un amor

y somos para este mundo
resonancia de emociones
transmisores de canciones
que animan a la vejez
pero también somos pueblo
que canta sus sinsabores
que busca quien lo comprenda
que resiste su extinción

para que muchos comprendan
ese amor que los anima
porque lo invade la bruma
de un tiempo que ya pasó
y al escuchar en sus cantos
al ritmo de sus cornetas
el llamado a quien ya se ha ido
a quien no habrá de volver
somos su fuerza y su abrigo
somos el mudo testigo
de su lucha cada día
por no perder el hogar

somos juglares al viento
que cantan sus emociones
que disfrazan en canciones
la razón de nuestro amor

por eso cuando preguntan
por nuestro oficio en la vida
respondemos con orgullo
que sólo somos la voz

porque poetas nacimos
para traer a este mundo
la palabra que te anime
y el consuelo del amor
para guardar tus recuerdos
para que sientas un día
que el amor que has compartido
lo volveremos… canción.

Regalo de amor

Han venido a contarme que sufres de pena
que sufriste de angustia al saber que me fui
que dejé aquella noche junto al fuego encendido
el amor que entregaste, junto a mi corazón

hoy que tienes la duda si en mi vida terrena
al pasar de los años conocí la razón
de partir sin contarte cuál ha sido tu error
o si lo he comprendido, que he perdido tu amor

sé que debo contarte lo que al fin he sabido
la razón de mi viaje, que hoy no intento ocultar
pues resisto a este frío en mi cuarto vacío
donde impera el silencio dentro del corazón

sé que debo a tu amor la respuesta
que has pedido con ansias, que no puedo ocultar
pues si tú te entregaste esa noche
yo oculté que otro ser en mi vida ya reinaba dentro mi corazón

nunca quise causarte nostalgia
nunca quise ocultarte quién soy
mas mi amor lo entregaba a otro cuerpo
a otro hombre que oculto hasta hoy

y al pedirte la excusa anhelaba
que al final yo te quite esa pena
de pensar que no has sido importante
o no supe entender a tu amor

hoy que puedo contar lo que siento
lo que siempre en tu pecho has sabido
que si un día ofreciste tu vida
yo jamás te podría olvidar

te respondo que sólo una noche
de otro frío invierno, locura y alcohol
en mis brazos cantando a la vida
compartimos la miel del amor

que ha llegado el momento que tú has esperado
que al contarte mi vida, te dé una razón
que devuelva en tus manos al fin, dulce amiga,
ese sueño que nunca fue mío
el regalo de tu corazón.

VIVIR

Hoy llamas a mi casa cuando la noche te acecha
para contarme, mi amigo, que tú esperas lo peor
que hoy ya no hay esperanza en tus tristes pensamientos
y que aguardas ese tiempo que te espera de partir

que tu tiempo ha sido escaso para vivir los placeres
que se te pasó la vida sin comprender el porqué
y despiertas tan anciano de esta vida que has vivido
que has pasado sin recuerdos del amor de una mujer

porque no vives el tiempo
y has borrado tus recuerdos
has olvidado el camino
que te ha traído hasta aquí
y no tienes esperanzas
de mejorar en tu vida
pensando que tu destino
hoy te ha vuelto a traicionar

y es tan triste la congoja
que me trasmites, amigo,
porque nunca has comprendido
el mundo y su transición

porque somos dos ancianos
que vivimos estos días
muchas veces solitarios
recordando lo que fue
lo que has vivido en tu vida
si el amor y la alegría
te dejaron en el alma
la huella de un corazón

hemos vivido la vida
de dos modos diferentes
tú sin saber comprenderla
yo viví, buscando amor

si miras por tu ventana
verás que cuando amanece
el sol llega hasta tu cama
para ofrecer su calor
esos hermosos momentos
que brilla como ninguno
alimentan la esperanza
que falta en tu corazón

mas en la noche se alterna
con la luna misteriosa
que hace lugar al recuerdo
que el alma nunca olvidó

es el ciclo de la vida
que nos muestra su camino
pues si vas tras tu destino
sin mirar nunca hacia atrás
olvidarás quién has sido
tus sueños de juventud
la esperanza de encontrar
quien te regale su amor

por eso hoy te contesto
que yo ya no estoy tan solo
porque tengo los recuerdos
que me ayudan a vivir
porque también tuve el sueño
de lograr cambiar el mundo
mas nunca me he permitido
el renunciar a mi fe

hoy convoco a la esperanza
que me busca cada noche
para que vaya a tu casa
y olvides tu soledad
que te explique que la vida
te pide que busques metas
que siempre pongas tus sueños
donde está tu corazón

y que al final de tu vida
si encuentras lo que has pedido
el amor que habrás logrado
nunca podrás olvidar

porque tu lucha y constancia
no las borrará el olvido
porque tu fe en el futuro
será tu mayor valor

porque dejarás el mundo
donde somos pasajeros
con la huella de una vida
que vivió por el amor

por eso hoy, viejo amigo,
te contaré mi secreto,
que he vivido de esperanza
y que mantuve mi fe
y que todo lo vivido
lo llevaré para siempre
guardado dentro del pecho
por siempre en mi corazón

así esperaré dispuesto
en mi casa y en mi reino
al barquero que una noche
sin prisa venga a por mí

y cuando deje este mundo
legaré cual testamento
al amor que no me olvida
y al que siempre esperaré

el tiempo que compartimos
y lo que nos prometimos
porque será por su vida
que por siempre viviré.

MI CASTILLO

Al despuntar la mañana de una noche tormentosa
donde sueños y nostalgia turbaron a mi vejez
al conservar en la piel de mi cuerpo dolorido
el perfume de otra piel que jamás olvidaré
no puedo más que admitir
que el amor guía mis días
pues he pasado la vida
tras esa hermosa obsesión

he buscado a mi manera
hacer verdad la quimera
de encontrar a quien me quiera
sin ponerme condición
que le entregue el corazón
y ofrezca mi vida entera
que comparta esta ilusión
de vivir por el amor

y fue así como he vivido
en búsqueda peregrina
de ese amor que sólo en sueños
vivía dentro de mí
que he luchado por sentir
que arrebataba mi vida
que sus noches fueran mías
y habite en mi corazón

porque fuiste esa ilusión
ese ideal de nobleza
esa luz que me ilumina
cuando más perdido estoy
fuiste amor y fortaleza
fuiste mi amante y amiga
por eso yo lo comprendo
que he llegado a donde estoy

he llegado a aquella edad
donde la sombra te alcanza
donde pierde la esperanza
quien nunca buscó el amor

quien luchó por conquistar
un castillo de emociones
quien no ha olvidado su sueño
y, al final, lo consiguió
hoy al mirar al pasado
escucho al fin el gemido
del alma que me ha querido
que ha luchado junto a mí

que lucha por ocultar
su temor en el futuro
que no la lleve en mis brazos
a buscar la eternidad

y al anunciar mi partida
pues Dios quiere mi presencia
le pido que no me olvide
que recuerde lo que fui

que comparta la esperanza
de mantenernos unidos
que al final sea mi testigo
y cumpla con nuestro pacto

de contarle a nuestros hijos
lo que en la vida he aprendido
que no he cedido al olvido
y que mi sueño cumplí

que fui fiel a nuestros sueños
y, al final, los conquisté
porque dentro del castillo
un tesoro al fin he hallado

busqué amor y lo he encontrado
y es lo que dejo al partir
porque el tesoro guardado
ha sido su corazón.

Conquistando su derecho

Hoy recibimos gozosos
en el cielo un alma pura
cual visita prematura
el alma de una mujer
que no sabe bien por qué
hoy llora a los que ha dejado
la familia, los hermanos
y dos niños por crecer

hoy cantamos en el cielo
el himno que se merece
esta vida que termina
sin que se pierda su fe

esa fe en la humanidad
y el amor por su familia
la existencia de unos niños
que hoy la lloran sin saber
por qué hoy no está presente
cuando salgan del colegio
para llevarlos a casa
y arroparlos al dormir

cuánto dolor en su barrio
cuánta tristeza en su casa
otra vida se ha truncado
por intentar ser feliz

quizás porque no escuchó
tal vez no quiso creer
que el amor causa dolor
cuando se olvida el respeto
que se perdió el compañero
con quien comenzó su vida
y que su alma perdida
se alimentó de rencor

que ya no es aquel señor
con quien juró compartir
su cama y su corazón
a lo largo del camino

porque ayer ha concurrido
con argucias a su casa
para robarle los sueños
sus ansias de libertad

porque más pudo el rencor
que la fuerza de su amor
que su vida le robó
sin recordar bien por qué
y si alguna vez la amó
hoy es odio su alimento
olvidando que una vida
sólo la reclama Dios

hoy su ejemplo en esta tierra
donde somos diferentes
clama su amor a los vientos
y llora la humanidad

ha triunfado el egoísmo
la maldad y la bajeza
de matar a quien se quiere
destruir a quien le amó

por esta muerta inocente
que lloran en la familia
festejaremos por siempre
en el cielo su verdad
pues si dejó tras de sí
el amor por los demás
también dejó con su ejemplo
su grito de libertad

ha pagado con su vida
con el dolor de su gente
el precio que otra mujer
por siempre agradecerá
porque con su sacrificio
logrará que no la olviden
que se recuerde por siempre
que vivió sembrando amor

hoy en el cielo está escrito
para que nadie lo olvide…

que otra mujer en la tierra
ha pagado con su sangre
su derecho a ser feliz.

Otoño

Ya te acercas, madrugada,
y acaricia mis mejillas
la suave brisa del viento
en un nuevo amanecer

me anuncias con insistencia
que comienza la aventura
de compartir nuestras vidas
de vivir un día mas

y te espero taciturno
pensando en lo que he vivido
sabiendo que es otro día
que me acerca a mí final

pero es el suave murmullo
del viento sobre las hojas
quien confiando sus secretos
me invita a participar
de la vida de los niños
que anuncian un nuevo día
cuando marchando al colegio
dejan su canto a mis pies

es la música sublime
de la vida que comienza
de otro ser que en su inocencia
contagia a mi corazón
y aunque es otoño en mi vida
está lleno de colores
porque aprendí a agradecer
lo que la vida me dio

me dio familia y amigos
me dio la oportunidad
de tomar mis decisiones
y de encontrar el amor

y a pesar de que ya estoy viejo
que poco miro al espejo
yo también dentro del alma
siento que vuelvo a vivir

he nacido para amar
el sol, la luna y el viento
y aquellas hojas de otoño
que a tu paso pisarás
porque le canto a la vida
y agradezco su regalo
de disfrutar cada día
de la dicha de existir

hoy esperaré el regreso
de los niños del colegio
para compartir su dicha
su entusiasmo de vivir
así te espero en las noches
con amor, con alegría
para compartir mi vida,
compañera, junto a ti.

TAN SÓLO UN MOMENTO

Le he pedido al invierno
que visita mi huerto
un instante en silencio
para oír el rumor
de mis años que invitan
al pasar tanto tiempo
persiguiendo mis sueños
a encontrar el valor
la inocencia olvidada
la templanza en la vida
ese amor que buscaba
y que nunca encontré

y al mirarme por dentro
no hago caso al olvido
busco hallar mis amigos
que algún día perdí
busco ser ese hombre
que marcaba el camino
que marchaba adelante
que buscaba encontrar
en la noche su luna
en la lluvia su abrigo
y en la vida brindaba
a otros hombres la paz

le he pedido a la vida
que detenga mi muerte
que por sólo un instante
me permita soñar
pues si mi alma ha encontrado
el balance en la vida
que a otro ser le entregara
lo que siempre guardé

un amor sin fronteras
con pasión cegadora
que se olviden mis penas
y se alivie el dolor
de vivir sin pareja
de soñar cada día
de mirar hacia el cielo
esperando partirán

qué feliz yo sería
aunque tarde lo encuentre
si al partir de esta vida
ese instante en el tiempo
le impulsara a mi alma
a contar lo que siente
que hoy la escuche diciendo…
me has llenado de amor.

Otras obras del autor

Embrujo de amor (Editorial ExLibric). Intenso y nutrido poemario, donde emociones y experiencias se muestran en sus distintas manifestaciones. Primer libro de su «Trilogía sobre el amor». Un cúmulo de sensaciones de amor y compasión, de complicidad y añoranza de amores y tiempos ya pasados, donde el espíritu siempre busca resaltar los valores más profundos y los rescata, con esperanza y fe en el futuro y la humanidad.

Cincuenta poemas que nos llevan a un viaje por el corazón de un poeta muy completo y que, a su vez, ha aprendido a trasmitir su pensamiento, sus sentimientos, su fe y su esperanza en que la poesía romántica puede y debe ayudarnos a cambiar nuestro mundo. Porque la poesía romántica, madura, tierna, intensa, sí puede llenar nuestros corazones

Las edades del amor (Editorial ExLibric). He aquí la culminación de un proyecto donde el autor, junto a *Tiempo de amar,* completa la trilogía de su obra, dedicado a las edades y el amor, y al amor a lo largo de nuestra vida. Todas las distintas etapas del amor están incluidas: el amor de la niñez, de la juventud, de la pareja, el primer amor, el amor a la familia y a la tierra, el desapego y el desarraigo del inmigrante que no olvida la tierra que ama y añora, el amor en los años postreros, tan dulce como el primer día, el amor y la nostalgia de quien se ha perdido, pero vive en nosotros para siempre, etc. Un compendio de diferentes formas de amar, a veces nostálgico, otras veces triste, pero siempre con una visión positiva y existencialista que nos hará sentir que sus versos se encuentran en nuestro interior, se integran en el lector, quien los comparte desde su primera página.

Página del autor: www.escritorespinola.com

www.ingramcontent.com/pod-product-compliance
Lightning Source LLC
LaVergne TN
LVHW041115150826
845673LV00007B/2054